COLEÇÃO LIMÃO VERDE

© 2022, Maitê Rosa Alegretti

Todos os direitos desta edição reservados
à Laranja Original Editora e Produtora Eireli

www.laranjaoriginal.com.br

Edição Filipe Moreau
Projeto gráfico Yves Ribeiro
Produção gráfica Bruna Lima
Arte da capa Andrea Marroquin

```
Dados Internacionais de Catalogação na Publicação (CIP)
       (Câmara Brasileira do Livro, SP, Brasil)

   Alegretti, Maitê Rosa
      Rabo de pipa / Maitê Rosa Alegretti. -- 1. ed. --
   São Paulo : Laranja Original, 2022. -- (Coleção limão
   verde)

      ISBN 978-65-86042-55-9

      1. Poesia brasileira I. Título. II. Série.

22-127985                                      CDD-B869.1
```
Índices para catálogo sistemático:

1. Poesia : Literatura brasileira   B869.1

Cibele Maria Dias - Bibliotecária - CRB-8/9427

RABO DE PIPA

Maitê Rosa Alegretti

LARANJA ● ORIGINAL

Aos meus avós
e meus amigos

Não temer as trevas da noite
Manuel Bandeira, "o Rio"

Prefácio

Rabo de Pipa e a tarefa desmedida de "amarrar a vida nas costas e desejá-la"

Mariana Marino[*]
Início do inverno de 2022

Empinar uma pipa exige paciência. E também um certo desapego, para que o pacto com o vento seja selado: conhecer, a partir da observação e do balanço do corpo, as correntes que colocam o rabo de pipa acima das cabeças. Nunca me dei muito bem tentando colocar pipas no céu, ainda conheço pouco do vento. Com essa certeza, leio este livro que vocês têm em mãos, agora, o segundo escrito por Maitê Alegretti. Sinto que aprendi bastante sobre os ventos após a leitura, um pouco sobre as suas amplitudes, talvez um outro tanto sobre desapego e sua face tão nítida, que recorta as nossas vidas nos últimos anos como um cerol: "Tudo é milagre/ tudo, menos a morte". Esses (e outros) versos de Manuel Bandeira, que pairam, como papagaios, no céu de Rabo de Pipa, nos guiam até os pequenos ancestrais de Maitê Alegretti: somos convidadas a olhar novamente para cima, procurando por detalhes que prendem as nossas visões aos detalhes (o que realmente importa). Talvez aprender mais sobre o céu e sobre os ventos possa revelar muito de nós, das nossas dinâmicas.

Rabo de Pipa traça um movimento acertado, de retorno à vida após a clausura da casa, do corpo: assim como pertencemos às ruas e aos encontros, o papagaio pertence ao céu, mas sua confecção passa por mãos atentas antes de subir ao seu destino. Nesse sentido, a primeira e a segunda parte do livro são dedicadas a preparar o espírito para a retomada do céu, do próprio ser, que parece ter desaprendido a se perceber: "estou mais velha um dia/ sem/ no entanto/ notar", visto o esforço da tarefa desmedida de "ter espaço/ de sobra/ dentro dos pulmões". Entre imagens que nos convidam a refazer a própria vida, como a de quartos abarrotados, da pele cansada, que precisa ser remodelada, passar por modificações, como numa transmutação; os movimentos em círculos, indicando uma rotina dura; a observação das atividades de vizinhos, uma forma outra de contar as horas longas, Maitê presenteia nossas existências fechadas (literalmente) com possibilidades de aberturas, mesmo que sejam de janelas ou claraboias antes não notadas pela nossa visão.

Em *Rabo de Pipa*, os instrumentos de visualização (para emprestar um termo de Donna Haraway) são manejados com o intuito de mostrar como alguns objetos, partes do corpo, situações e sentimentos, geralmente relegados a uma ideia de insignificância, têm sua importância no(s) mundo(s): caminham conosco, nesse nosso eterno vir-a-se-entender (mais do que vi-a-ser). Maitê Alegretti nos mostra com precisão delicada a matéria das coisas, sempre mutável, "impulso/ voejo/ um laboratório/ de experimentação/ e teste".

A terceira parte, que dá nome ao livro, já ensaia um movimento que se dá para fora dos espaços murados. Já se podem ser avistadas espécimes arbóreas, que não só divisadas ao longe, sinuadas. Ramos de uma árvore emprestam às pipas o próprio movimento, ditado pelo ritmo do vento, esse deus invisível: "enroscadas aos ramos da árvore/ balançam as rabiolas/ dos papagaios que ali/ perderam o movimento". As pipas, em suas formas, também são mutáveis, assim como as rotinas, as sensações, as texturas da pele. Nesse jogo, é possível então estabelecer um paralelo entre os papagaios e suas dinâmicas àquelas ditadas por seres humanos que, aqui, acessam com mais despojamento (mas sem ainda muita desenvoltura) pedaços de asfalto e céu: "voa/ de novo/ o frescor de um sopro// como se/ antes não/ tivesse sido/ detido".

Detidas as vontades entre paredes, vem o carnaval e uma promessa de desfrute. No entanto, a figura de Arlequim, personagem conhecida da *commedia del arte* (mais uma referência à formação italianista da autora) cumpre um papel às avessas pelo seu descontentamento. Mais uma vez, o vento dita a direção, aqui, aumentando a angústia de Arlequim, refém de sua própria altura. O carnaval, portanto, é tratado em *Rabo de Pipa* com certa melancolia, já que também foi assolado pela matéria mutável dos acontecimentos, assim como o corpo e a percepção sobre eles. Visões bastante relacionadas a Manuel Bandeira e seus poemas de carnaval, diga-se de passagem. Desfrutar a vida, depois que se ajusta o olhar para seus detalhes, parece ser uma atividade solitária, como já nos mostrou Italo Calvino ao criar a personagem Marcovaldo, que protagoniza contos escritos pelo autor entre 1950 e 1960. Ajustados os nossos olhos para as realidades do(s) mundo(s), "sacolas de lixo/ acomodam-se ao/ lado do/ cheiro de/ esgoto", uma imagem que toma conta, cada vez mais, do nosso imaginário. A melancolia, inadvertidamente, é certa.

No entanto, "mesmo que o hábito de sofrer/ já existisse// a vontade irrefreável/ de viver/ era a nossa", versos de "Nenúfares", quarta parte de *Rabo de Pipa*. Ainda que haja um receio de retomar a vida, camuflado pelo desejo de fazê-lo, há indícios, nos poemas aqui reunidos, de imprimir novos sentidos à sobrevivência: de colheita, passando por novas flores, ainda pode brotar desejo, é preciso viver hoje, Maitê traduz de forma luminosa as contradições incitadas pelas mudanças das flores, que também são as nossas, resistindo a contextos de brutalidade e parasitismo. Sim, ainda é possível acreditar na semeadura, na força das mãos e das bocas, que contêm tantas histórias que desejamos contar e ressignificar, assim como as nossas próprias vidas. Esse caminho, traçado pela importância da visualização, que não busca o objetivo, o concreto, o pré-fabricado, mas sim as faces da contradição, é aguado como os habitats dos nenúfares, como os próprios globos oculares: "pelos olhos/ a vida/ invadirá/ novamente/ o que restar/ de brônquios".

Essa linha imaginária que tenta separar, portanto, as nossas experiências, destinadas a serem homogêneas, ao(s) mundo(s), diversos desde suas origens, nos faz recorrer, novamente, a uma visão mais atenta das coisas, dos fenômenos, que pulsam: "eu sou a luz/ o tempo/ o espaço/ os asteroides/ o fim". Assim, "andar exige mais// andar exige um olhar/ ao indivisível. "Indivisível" é, então, uma tentativa de bricolagem, de aglutinar novamente corpo e mente, corpo e espaço, corpo e matéria, binarismos assassinos, como nos ensina Donna Haraway. Ao final, o que resta é nos perguntar: "mas para que tanto sofrimento/ se o espírito/ é pulsação e/ vibra?" O indivisível é "o tempo que se leva para amarrar a vida nas costas e desejá-la/ como se fosse sua// é o tempo que se leva olhando para o céu/ é o tempo que se leva desejando olhar para o céu/ é o tempo que se deseja criar um novo céu". Isso se faz mais possível com o ajustamento do olhar para a vida, distanciado das amarras de um imperialismo que ainda coloca valor insignificante ao nosso tempo de existência. Em Maitê Alegretti certamente se encontra um tempo ecológico, um tempo de poesia, que nos serve para isso: atribuir valor às coisas do(s) mundo(s), não negociáveis.

---

*Mariana Marino escreve, pesquisa, revisa. Autora de *Peito aberto até a garganta* (Editora Urutau, 2020) e de *Não sei quem colocará as mãos em mim* (Kotter, 2022), gosta muito de ler o que Maitê Alegretti apronta desde *Titubeio* (Editora Urutau, 2020).

eu precisava aprender
que a mesma rua
já não guardava as pessoas de antes
e a cidade se deslocava todos os dias
centímetros abaixo de nós

antes de deixar de me locomover
a cruzar a linha férrea
capital zona metropolitana
sabendo o impulso preciso a dar
entre o vão e a plataforma

eu precisava desfazer das armações
pequenas, descolorir metade
dos cabelos, amar mais uma vez

& salgar o asfalto
por onde passei.

INAUDITO

*Di andare dritto proprio
non mi va
girare intorno è la mia condizione
se guardo altrove
non è per distrazione*

Daniele Silvestri e Niccolò Fabi

e se refizermos a vida?
a desdobrar novas matizes
pigmentações
impulso
voejo
um laboratório
de experimentação
e teste

distender as próximas
vinte e quatro horas
para que os segundos
esparramem-se de forma
desigual em cada
músculo de carne
morta

depois de uma longa estadia
em um quarto
abarrotado

ter espaço
de sobra
dentro dos pulmões
parece tarefa
desmedida

a espessura fria de carne
queimada
respinga gotas de suor
atrás da nuca
o cheiro de piscina
em meio ao asfalto
artífice
injusto
não existe mar
ao menos
tão perto

não se perdeu nenhuma
coisa em mim
como sempre
acompanho
as gotículas níveas
antes de chover

o mês que vem pode
abrir uma janela
ou fechar duas
brechas

como anteontem
recomeço
hoje
os olhos quase não abrem
estou mais velha mais um dia
sem
no entanto
notar

o balanço das árvores
por detrás da janela
maestoso
prenúncio
de um dia ainda
inaudito

ainda com os cabelos desajeitados
você pergunta se eu não vou me levantar

        a casa acorda ouvindo os seus passos
          pequenas formiguinhas mordendo
              o piso em vias de trocar

o tempo que leva para
acordar
sem sobressaltos
sem contar os minutos

o tempo que leva para
acordar
rever o seu reflexo
gostar dele
sem artífices
e encontrar as palavras
sem balbuciar

a meia amarela
num pé a outra debaixo da cama
o sonho que não foi sonho
alguém deixou um recado
                              não lembro

lavo o rosto
me ouço outra vez
penso se não fora este o sonho mais estranho que já tive
ou se de fato alguém conversara comigo enquanto dormia

o tempo de acordar
acontece de formas diferentes
o tempo das pernas
da barriga
da boca
e dos olhos
a pele é a última a tentar levantar
quando já não consegue mais
esticar-se é quando
acorda

estender a toalha no varal
não do jeito certo
não da maneira que minha mãe faria
mas para escutar a sua voz
pela manhã
a reclamar do meu desajeito
em esticar
as fibras de algodão.

acompanho o sol sobre o sofá
na parede da sala
no pé da mesa

revisito a mobília da casa
empurrando as
horas

até quando for possível
os pés caminhar

o *riff* mal executado
de quem ainda aprende

o vizinho vai trabalhar
o vizinho estaciona &
retorna

um sanhaço cinzento
passa pela janela

o tempo parece não existir

apenas os movimentos
circundantes

entre as colchas
da cama
e os ácaros inquilinos de curta
locação

estou despovoada

a talhar meus desejos em forma de
ideogramas

a minha pele fina
bem cuidada
espera

as unhas mal
cuidadas
esperam

o sexo morde-se
por dentro

não espera

à beira de lembrar
a pele dobra-se
breve vazante
ao esgueirar-se
volve
quase ausente
não recua
quando quase recusa

à beira de lembrar
cinge
a vazante
diante da vontade noturna

ontem
a noite era tão fresca

era capaz de
aquietar os meus
respiros

não fosse
o capacho ao lado de fora
titaneando os pés
descalços

a pele tesa esconde a espera de algo
que não está à frente
não visto
mas nas costas
do torso hirto.

ao colocar os dedos sobre os olhos
uma pequena cortina de semicírculos
bailarina
a escuridão

não acomodo junto ao coração
o desajuste
desta letargia
il movimento veloce
per niente delicato
desta pouca luz
mas cabe ao músculo *che si trova tra i due pulmoni*
la vigilanza del suo proprio
pompare

durmo de bruços e
acordo com os olhos de outra vida
enquanto os cabelos amassados são da noite
anterior

deito-me de bruços,
e com o peso das pernas
evito sonhar

*a água escorre
até a porta da
lembrança*

Sofia Ferrés

deitar-me é em movimentos
de viúva
esperar o meu noivo que
não vem.

Mi ricordo del mondo quando si partiva per poter ritornare, l'aria calda faceva il sudore afflosciare i miei capelli. Ci si spostava tra le vie come se nuotasse tra le pietre. Ora comincio a pensare se ci sarà una nuova maniera di muoversi, se ancora seduta tra i miei libri, le mie gambe resteranno lunghe, oppure se restando fra le mura dell'edificio, la strada diventerà più corta.

Negli ultimi giorni il sudore è debole, l'aria quasi fredda pur essendo estate, le parole talvolta non esistono. Ci vorrebbe apprendere un nuovo idioma per ricominciare ad andare. Magari se gli uccellini non fossero pássaros, *neppure* birds, *o se con le stesse parole scrivessimo in una lingua non ancora scoperta, mescolando la lettera acca con la bi ci si troverebbe una via persa e, anzitutto, vivace.*

Lembro-me do mundo quando era possível partir para poder retornar, o ar quente fazia com que o suor afrouxasse os meus cabelos. Movimentar-se era sinônimo de nadar por entre pedras. Agora começo a pensar se existirá uma nova maneira de deslocar-se, se ainda sentada entre os meus livros, as minhas pernas continuarão longas, ou se ao permanecer entre as paredes do prédio, o caminho se tornará mais curto.

Nos últimos dias o suor é fraco, o ar está quase frio embora seja verão, as palavras por vezes não existem. Seria necessário aprender um novo idioma para recomeçar a andar. Talvez se os passarinhos não fossem *uccellini*, sequer *birds*, ou se com as mesmas palavras escrevêssemos em uma língua ainda não descoberta, se fosse possível misturar a letra agá com a letra bê poder-se-ia encontrar um caminho perdido, e, antes de tudo, vivaz.

é esta a hora em que o tempo é abolido
não existe
amanhã

                    é esta a hora em que não se morre mais
                    a matéria pesada timbrada nas costas
                                  é dor vazia

é esta a hora das longas conversas
de não encurtar a jornada dos
dias

                          é esta a hora de tingir o peito
                        de breves demoras e ausentes
                                    despedidas.[1]

---

[1] Os versos "é esta a hora em que o tempo é abolido" e "é esta a hora de longas conversas" são do poema "É esta a hora…", de Sophia de Mello.

se de repente é meio
de tarde

estico as pernas
entre as faixas de luz

sob a cama
o calor
esmiúça os versos
                a dilatar
                o ritmo da poesia

Eppure abbassare gli occhi per distendere il corpo assai stanco, muovere ogni stanchezza più profondamente tra i miei pori sulla pelle, abbassare gli occhi abbandonando i dolori per disfare i legami dei miei pensieri.

Eppure cominciare un'altra volta, come se avessi forza, come se ancora fosse possibile colorare il cielo con i denti.

E, entretanto, abaixar os olhos para distender o corpo deveras cansado, mover cada ponto de exaustão profundamente por entre os poros da pele, abaixar os olhos abandonando as dores, a fim de desfazer os nós dos meus pensamentos.

E, entretanto, recomeçar uma outra vez, como se tivesse força, como se ainda fosse possível colorar o céu usando os dentes.

sonhei que escrevia
um poema, havia papel,
o movimento dos dedos e
a tintura dos grafemas
ao meu lado, uma mulher
lia cada verso, isto aqui é
muito importante, ela dizia
desenhando um traço abaixo
do parágrafo final
era algo sobre a justeza da poesia
acordei tentando entender
o que significaria a
justeza da poesia

VARANDAS

saber de cor o silêncio
– e profaná-lo, dissolvê-lo
            em palavras.

Orides Fontela

Será que o que há atrás dos olhos serve para enxergar os
pensamentos?
Olhos ao contrário?

Julia Codo

Julio sentiu um soco no estômago
e vingou-se de Tenoch
ao revelar que traíra o amigo

                        enquanto nadavam
                        nus
                        sob folhas
                        amanhecidas

depois da revelação
Tenoch também
sentiu um soco
no estômago

                        já eu não conseguia
  lembrar

                        da última vez em
que
                        me deram um soco
no estômago

talvez lembrasse se nadasse
nua
sob folhas
amanhecidas

MAITÊ ROSA ALEGRETTI

eu nunca entendi
para o que servia uma claraboia
uma abertura no clarão dos meus
olhos
vista apenas
por quem estava
do lado de fora

eu nunca entendi
para o que servia uma claraboia
uma abertura no céu da
minha boca
desviando o ar
de onde ele
deveria fluir

a luz laranja do apartamento
divisava o seu rosto
em duas faces
tal o retrato de Madame
Matisse
a cada novo ângulo
tentando capturar
mais um ponto de luz
eu me perguntava se seria possível
edificar uma claraboia
dentro do seu olhar

se você tivesse
uma claraboia
na sua sala
veria as nuvens
trocando de lugar
quem sabe se assim
você também
pudesse trocar
de lugar

as janelas dos seus olhos
vibravam como a poeira
acomodada de uma
vidraça endurecida

do apartamento da frente
alguém movimenta o
mecanismo de abrir
do basculante

o clarão cintila
a sua expressão

para quem está dentro do box
o seu rosto é um mero borrão

para você a visão é de um
lapso temporal

você também escova os dentes
enquanto toma banho?
às vezes eu fecho os olhos depois
de girar-me em direção
ao basculante

ninguém conseguiria
saber que ali
existe um par de
olhos

mas em mim
durante o abrir e fechar de
pálpebras

penso se você
também pensa
nos nomes

nos nomes
daqueles que
não podem mais
enxugar o box

e ter a pele fresca por mais
um dia

os vizinhos deixam a porta aberta
quase sempre depois das
dez

o hall torna-se agregado
da sala

escuto os sussurros
do casal
vibrando pela
porta

não sei o que conversam
eu sou apenas um
olhar

distinguindo cores
de um complexo mecanismo
que me permite ver

o que não deveria
ser desvendado

quase todas as varandas são
iguais

vestidas de cor creme
algumas com gaiolas
outras com plantas

todas com varais

um gato deitado olhando para baixo
vê um cachorro também
deitado

provavelmente um sente o
cheiro do outro

eles estariam juntos
não fosse o desnível
entre um andar e o outro

sentada ao sol
me pergunto se você
também estaria ao sol
a olhar um gato
observando um cachorro

na minha versão
dentro de nós
era tudo claro e
luminoso.[2]

---

[2] – *Dentro de nós, ao contrário, era tudo tão claro e luminoso!*, verso do poema "Sonho de uma terça-feira gorda", de Manuel Bandeira.

RABO DE PIPA

Tudo é milagre
Tudo, menos a morte

Manuel Bandeira

de repente
remexe os meus ouvidos
um sonoro voejo plástico
deve ser um rabo de pipa

voa
de novo
o frescor de um sopro
de vento

como se
antes não
tivesse sido
detido

enroscados aos ramos da árvore
balançam as rabiolas
dos papagaios que ali
perderam o movimento

estão caçando restos
de pipas

os meninos engatinhados
no muro da escola

enquanto ainda
podem empinar a
vida

comemoram o veraneio
inesperado
com as suas linhas e pipas
rebolando de mão
em mão o cerol
a seda e o funk
os meninos ali
no parque

a corrida é para manter-se
em pé
o som estourado ao fundo
Debussy aos ouvidos dos
bailarinos
o dia é de um azul
irretocável
mas os rastros do balé
são restos de *cheetos*
perfumando o ar

Já foi dois

outro voo interrompido
outro rabo de papagaio que
cai

Tá quebrando a linha toda

mas ao invés de
desprender-se
a raia viva
queda-se por
entre os galhos
do abacateiro

no meio da tarde
emerge

não uma máscara de gás
não uma medida extrema boiando nas águas do Ganges
não uma motocicleta
afiada à morte

uma pipa de seda verde
que cruza a minha janela
ao rasgar o ar dos meus
pulmões

mas se você olhar lá fora
o pôr do sol parece
estranhamente
ainda mais
bonito

depois de desfrutarem
o sol
o vento
a música

sacolas de lixo
acomodam-se ao
lado do
cheiro de
esgoto

> *Carnaval foi triste pra mim*
> *Rasguei a fantasia e chorei*
> *Chorei por não poder brincar*
> *Tristeza e dor no carnaval*
>
> Jorge Ben Jor

o arlequim refém do
vento
banhava-se em
angústia
dada a sua ânsia
por abraçar os raios
de mar

o arlequim refém do vento
flutuava no ar
descontente com
a sua própria
altura
    queria voar mais
            alto
   um golpe de ar
   subitamente
        lança a sua cauda
rabiola
   em meio
   à fiação
    rompendo-a
       mais alto
        mais alto
       era impossível
alcançar

no próximo carnaval
desfilará
a ossatura
cimentada
pelo canto do
novo amor

mesmo se deixássemos de
cantar por um ano inteiro
o fôlego de cada cristalino
ausente
não se reacenderia

as cinzas
da próxima
folia
já estão voando
pelo ar
que se respira

são elas
pequenas serpentinas
a plissar o coração
dos amantes

NENÚFARES

a vida alerta espera.
Espera o quê?

Olga Savary

Aguardar o que nasce.

Orides Fontela

brônquios encharcados
serpenteiam
taquicárdicos

o que se costumava
chamar de vida

nenúfares
emitem pólen
sobre o Oceano Atlântico

aos domingos
chove cinzas
em Atenas

na Sicília
a *terra trema*
de tanto
calor

o ar rarefeito de Manaus
movimenta
as vitórias régias
em meio ao
sangue
solevado

em São Paulo
a fuligem caída do céu
forma um buquê
de rosas entregues
a um novo casal

                    aos seus filhos
                        restarão
                          lírios
                      de plástico

em mim
amanheço
mar morto
salina
as ancas
doídas
e os olhos quase
cegos

                                              azaleias despencam
                                                         dos céus

a vida ainda
voeja
pelos ombros

                                              azaleias despencam
                                                         dos céus

a vida ainda
voeja
pelos ombros

                                              azaleias despencam
                                                         dos céus

pelos olhos
a vida
invadirá
novamente
o que restar
de brônquios

                                              azaleias despencam
                                                         dos céus

o pigmento de outras flores
daquelas não nascidas
ainda pode
brotar desejo
onde antes as mãos
desertificavam

prometo não guardar
a dor da colheita de novos
espinhos
assim que dos meus sonhos
novas flores
puderem crescer

provisoriamente não cantaremos o amor [3]
mas ainda assim
é preciso viver hoje
mas ainda assim
é preciso viver amanhã
mas ainda assim
é preciso olhar para o
céu sempre que possível
e quindi uscimmo a riveder le stelle.[4]

---

[3] Verso do poema "Congresso Internacional do Medo", de Carlos Drummond de Andrade, publicado em *Sentimento do Mundo* (1940).
[4] Verso de o Inferno, Canto XXXIV, da *Divina Comédia*.

Para Gabriela

muitas foram as noites brancas
nos últimos dias
noites brancas
sem horizontes

muitos nenúfares
que por sorte
não cresceram
em nossos pulmões

e mesmo que o hábito de sofrer
existisse

a vontade irrefreável
de viver
era a nossa
companhia

INDIVISÍVEL

mas para que tanto sofrimento
se o espírito
é pulsação e
vibra?

se fecho os olhos
os meus dedos
são órbitas lunares

a luz da vela
que gravita
queima ao meu
encontro

se fecho os olhos
eu sou a luz
o tempo
o espaço
os asteroides
o fim

um paraquedista
favorável ao vento

o pouso
no entanto
não significa
equilibrar-se por entre linhas
contínuas

uma perna atrás da outra
é só mais um modo de
desequilíbrio

andar exige mais

andar exige um olhar
ao indivisível

O TEMPO QUE SE LEVA

escrever não é nem mesmo uma reflexão, é um tipo de aptidão (...) e que algumas vezes coloca a si mesma em risco de vida.

Marguerite Duras

o tempo que se leva para escrever um livro, terminar um livro, amar um livro, não amar um homem, amar um homem, não enlouquecer por um homem

não é o tempo do trabalho
não é o tempo da doença
não é o tempo presente

o tempo que se leva para amarrar a vida nas costas e desejá-la como se fosse sua

não é o tempo da peste
não é o tempo da catástrofe
não é o tempo que se pode mensurar
não é a minha hora-aula

o tempo que se leva para amarrar a vida nas costas e desejá-la como se fosse sua

é o tempo que se leva olhando para o céu
é o tempo que se leva desejando olhar para o céu
é quando o desejo cria um novo céu.

Posfácio

Rasgo de cor no céu cambiante

Anna Clara de Vitto*

Diante do céu que se divisa pelas páginas de *Rabo de Pipa*, em um contínuo de aclimatação, os olhos leitores percorrem amplidões e confinamentos, faces do presente traduzidas em versos agudos. De repente, não se trata mais de leitura: é uma experiência de desvendamento que se inicia, especialmente daquilo *que não deveria ser desvendado*. Este livro nos convida à investigação tanto das claraboias e suas promessas de luminosidade distante quanto dos nenúfares, silenciosos e sugestivos, mesmo quando as esperas parecem ser a própria tessitura do tempo. Como a morte, a vida e a poesia, há coisas que não permitem incolumidade.

Compartilhando com a autora o amor pela língua italiana, me deixo encantar pelos *sonoros voejos plásticos* a abrir possibilidades em céus mudos, às vezes doces, muito mais vezes brutos, e penso em Antonia Pozzi, brilhantemente traduzida por Inês Dias.[1] Diante das portas fechadas de seu tempo, a poeta milanesa, com o peito ainda carregado de pequenos tesouros, cantava: *o chi mi vende/ un fiore – un altro fiore/ nato fuori di me/ in um vero giardino/ che io possa donarlo a chi mi attende?/ Non c'è nessuno,/ non c'è nessuno che vende/ i fiori/ per questo tristo cammino?*

Cada dor ou alento pede pela sua flor, para que nos lembremos de que existe o além-espinho. Quase como que em resposta à canção de Antonia, Maitê evoca azaleias que *despencam dos céus*. Ao contrário do nenúfar de Ofélia, que adorna a solidão última da figura feminina enlouquecida pela opressão, as cores das azaleias, do mesmo modo que as rabiolas das pipas, fazem *brotar desejo/ onde antes as mãos/ desertificavam*.

Contra os desertos das esperas, o desejo, a poesia. Contra os infernos e suas múltiplas profundidades, *é preciso olhar para o/ céu sempre que possível*, há que re-ver, re-conhecer as estrelas. Ora através de basculantes, ora de claraboias, o olhar obstinado da autora procura a amplidão das varandas e, por fim, a liberdade dos campos, das ruas, do mundo. *Rabo de Pipa*, assim, revela a palavra em estado de abertura, materializada ou buscada. Novamente, o diálogo com Pozzi, que também indagou as obscuridades da vida e as confrontou com a palavra: *Palavras – vidros/ que infielmente/ reflectis o meu céu –/ pensei em vós/ ao anoitecer/ numa rua sombria/ quando sobre as pedras da calçada caiu uma vidraça/ e durante muito tempo os estilhaços/ espalharam luz pela terra –*.

Recolhendo os estilhaços de uma realidade em violenta transformação, Maitê Alegretti reafirma *a vontade irrefreável de viver* e, sobretudo, de criar no ritmo do *tempo que se leva desejando olhar para o céu*, do *tempo que se deseja criar um novo céu*. A poesia da autora é claraboia, basculante, varanda, céu azul enfeitado de pipas em liberdade. É milagre.

---

[*] Anna Clara de Vitto (Santos, SP, 1986) é poeta, autora de *Água indócil* (Urutau, 2019) e *Meada* (ed. da autora, 2019), e integrante da coordenação do Clube da Escrita para Mulheres, fundado em São Paulo, em 2015, pela escritora, cordelista e poeta Jarid Arraes.

[1] POZZI, Antonia. *Morte de uma estação*. Seleção e tradução de Inês Dias. Lisboa: Averno, 2012.

ÍNDICE DE POEMAS

PREFÁCIO	*8*
INAUDITO	
e se refizermos a vida?	*17*
distender as próximas	*18*
depois de uma longa estadia	*19*
a espessura fria de carne	*20*
não se perdeu nenhuma	*21*
o mês que vem pode	*22*
como anteontem	*23*
o balanço das árvores	*24*
ainda com os cabelos desajeitados	*25*
o tempo que leva para	*26*
estender a toalha no varal	*27*
acompanho o sol sobre o sofá	*28*
o *riff* mal executado	*29*
entre as colchas	*30*
a minha pele fina	*31*
à beira de lembrar	*32*
ontem	*33*
a pele tesa esconde a espera de algo	*34*
ao colocar os dedos sobre os olhos	*35*
não acomodo junto ao coração	*36*
durmo de bruços	*37*
deitar-me é em movimentos	*39*
Mi ricordo del mondo quando si partiva per poter ritornare (...)	*40*

Lembro-me do mundo quando era possível partir para poder retornar (...)	41
é esta a hora em que o tempo é abolido	42
se de repente é meio	43
Eppure abbassare gli occhi per distendere il corpo (...)	44
E, entretanto, abaixar os olhos para distender o corpo (...)	45
sonhei que escrevia	46

VARANDAS

Julio sentiu um soco no estômago	49
eu nunca entendi	50
a luz laranja do apartamento	51
se você tivesse	52
as janelas dos seus olhos	53
do apartamento da frente	54
você também escova os dentes	55
os vizinhos deixam a porta aberta	56
quase todas as varandas são	57
na minha versão	58

RABO DE PIPA

de repente	61
voa	62
enroscados aos ramos da árvore	63
estão caçando restos	64
comemoram o veraneio	65
a corrida é para manter-se	66
Já foi dois	67
Tá quebrando a linha toda	68
no meio da tarde	69
mas se você olhar lá fora	70
depois de desfrutarem	71
o arlequim refém do vento	72

no próximo carnaval	*73*
mesmo se deixássemos de	*74*
as cinzas	*75*

NENÚFARES

brônquios encharcados	*79*
nenúfares	*80*
aos domingos	*81*
na Sicília	*82*
o ar rarefeito de Manaus	*83*
em São Paulo	*84*
em mim	*85*
azaleias despencam	*86*
o pigmento de outras flores	*87*
prometo não guardar	*88*
provisoriamente não cantaremos o amor	*89*
Para Gabriela	*90*

INDIVISÍVEL

mas para que tanto sofrimento	*93*
se fecho os olhos	*94*
o pouso	*95*

O TEMPO QUE SE LEVA

o tempo que se leva para escrever um livro, terminar um livro (...)	*99*

POSFÁCIO	*100*
BIOGRAFIA	*106*

Maitê Rosa Alegretti (Osasco, 16 de setembro de 1993) é escritora, italianista, professora e mestranda em literatura italiana contemporânea pela Faculdade de Filosofia, Letras e Ciências Humanas (USP). Foi finalista do prêmio Nascente (USP, 2017) na categoria poesia e publicou poemas em revistas como Ruído Manifesto, Diversos Afins, A Bacana, Mallarmargens, Revista Grifo, Sucuru e Opiniães. *Titubeio* (2020), seu livro de estreia, foi publicado pela editora Urutau, e *Rabo de Pipa* é seu segundo livro.

Contato: maite.alegretti@gmail.com
Nas redes: @maite.alegretti IG

coleção **LIMÃO VERDE**

Títulos desta coleção

Rabo de Pipa – *Maitê Rosa Alegretti*
Estampa Retrô – *Ricardo Gracindo Dias*

Fonte Minion Pro
Papel Pólen Bold 90g/m^2
n. páginas 108
Impressão Psi7/Book7
Tiragem 200 exemplares